宁夏回族自治区地方标准

公路工程湿陷性黄土地基处理技术规范

DB64/T 1835—2022

主编单位:宁夏回族自治区道路运输事务中心
批准部门:宁夏回族自治区市场监督管理厅
实施日期:2023 年 03 月 06 日

人民交通出版社股份有限公司
北 京

图书在版编目(CIP)数据

公路工程湿陷性黄土地基处理技术规范/宁夏回族自治区道路运输事务中心主编.—北京：人民交通出版社股份有限公司,2023.1

ISBN 978-7-114-18588-5

Ⅰ.①公… Ⅱ.①宁… Ⅲ.①道路工程—湿陷性黄土—黄土地基—地基处理—技术规范 Ⅳ.①U416.1-65

中国国家版本馆CIP数据核字(2023)第008181号

标准类型：宁夏回族自治区地方标准
Gonglu Gongcheng Shixianxing Huangtu Diji Chuli Jishu Guifan
标准名称：公路工程湿陷性黄土地基处理技术规范
标准编号：DB64/T 1835—2022
著　作　者：宁夏回族自治区道路运输事务中心
责任编辑：袁　方
责任校对：赵媛媛　魏佳宁
责任印制：张　凯
出版发行：人民交通出版社股份有限公司
地　　址：(100011)北京市朝阳区安定门外外馆斜街3号
网　　址：http://www.ccpcl.com.cn
销售电话：(010)59757973
总　经　销：人民交通出版社股份有限公司发行部
经　　销：各地新华书店
印　　刷：北京建宏印刷有限公司
开　　本：880×1230　1/16
印　　张：2.25
字　　数：65千
版　　次：2023年1月　第1版
印　　次：2023年1月　第1次印刷
书　　号：ISBN 978-7-114-18588-5
定　　价：45.00元

(有印刷、装订质量问题的图书，由本公司负责调换)

宁夏回族自治区
市场监督管理厅通告

2022 年第 61 号

宁夏回族自治区市场监督管理厅关于公布 2022 年第五批地方标准的通告

2022 年 12 月 6 日，宁夏回族自治区市场监督管理厅批准 38 项地方标准，现予以公布。

（此件公开发布）

宁夏回族自治区 2022 年度发布地方标准目录
（第五批）

序号	标准号	标准名称	发布日期	实施日期	标准行业主管部门
1	DB64/T 1832—2022	公共安全风险评估导则	2022年12月6日	2023年3月6日	自治区应急管理厅
2	DB64/T 1833—2022	化工企业安全生产风险分级管控体系建设指南	2022年12月6日	2023年3月6日	自治区应急管理厅
3	DB64/T 1834—2022	化工企业安全生产事故隐患排查治理体系建设指南	2022年12月6日	2023年3月6日	自治区应急管理厅
4	DB64/T 1835—2022	公路工程湿陷性黄土地基处理技术规范	2022年12月6日	2023年3月6日	自治区交通运输厅
5	DB64/T 1836—2022	沙漠运动比赛项目标准	2022年12月6日	2023年3月6日	自治区体育局
6	DB64/T 1837—2022	公共资源交易服务安全与应急管理规范	2022年12月6日	2023年3月6日	自治区公共资源交易管理局
7	DB64/T 1838—2022	儿童之家服务指南	2022年12月6日	2023年3月6日	自治区民政厅
8	DB64/T 1839—2022	未成年人委托照护服务规范	2022年12月6日	2023年3月6日	自治区民政厅
9	DB64/T 1840—2022	未成年人救助保护机构服务指南	2022年12月6日	2023年3月6日	自治区民政厅
10	DB64/T 1841—2022	养老机构分级护理服务规范	2022年12月6日	2023年3月6日	自治区民政厅
11	DB64/T 1842—2022	养老机构出入院服务规范	2022年12月6日	2023年3月6日	自治区民政厅
12	DB64/T 1843—2022	养老机构特困供养人员陪同就医服务规范	2022年12月6日	2023年3月6日	自治区民政厅
13	DB64/T 1844—2022	养老机构特困供养人员心理慰藉服务规范	2022年12月6日	2023年3月6日	自治区民政厅
14	DB64/T 1845—2022	社会工作方法 社区工作操作规程	2022年12月6日	2023年3月6日	自治区民政厅
15	DB64/T 1846—2022	社会组织孵化培育操作规程	2022年12月6日	2023年3月6日	自治区民政厅
16	DB64/T 1847—2022	精神障碍患者社交技能训练规范	2022年12月6日	2023年3月6日	自治区民政厅
17	DB64/T 1848—2022	精神障碍患者社会工作服务流程	2022年12月6日	2023年3月6日	自治区民政厅
18	DB64/T 1849—2022	精神障碍患者日常生活技能训练规范	2022年12月6日	2023年3月6日	自治区民政厅
19	DB64/T 1850—2022	宁夏水稻稻瘟病综合防控技术规程	2022年12月6日	2023年3月6日	自治区农业农村厅
20	DB64/T 1851—2022	农用植保无人机田间作业技术规程	2022年12月6日	2023年3月6日	自治区农业农村厅
21	DB64/T 1852—2022	蛋鸡福利养殖管理技术规程	2022年12月6日	2023年3月6日	自治区农业农村厅
22	DB64/T 1853—2022	畜禽粪便封闭强制曝气堆肥技术规程	2022年12月6日	2023年3月6日	自治区农业农村厅
23	DB64/T 1854—2022	宁夏槽式温室建设技术规程	2022年12月6日	2023年3月6日	自治区农业农村厅
24	DB64/T 1855—2022	马铃薯干腐病综合防治技术规程	2022年12月6日	2023年3月6日	自治区农业农村厅
25	DB64/T 1856—2022	马铃薯秧混贮技术规程	2022年12月6日	2023年3月6日	自治区农业农村厅

续上表

序号	标准号	标准名称	发布日期	实施日期	标准行业主管部门
26	DB64/T 1857—2022	枸杞气候资源道地性评价	2022年12月6日	2023年3月6日	宁夏气象局
27	DB64/T 1858—2022	农业气象观测规范 宁夏菜心	2022年12月6日	2023年3月6日	宁夏气象局
28	DB64/T 1523.10—2022	老年慢性病护理服务规范 第10部分:脑梗死护理	2022年12月6日	2023年3月6日	自治区民政厅
29	DB64/T 1523.11—2022	老年慢性病护理服务规范 第11部分:心绞痛护理	2022年12月6日	2023年3月6日	自治区民政厅
30	DB64/T 1671.2—2022	儿童福利机构儿童养教康社一体化服务规范 第2部分:生长发育迟缓	2022年12月6日	2023年3月6日	自治区民政厅
31	DB64/T 1671.3—2022	儿童福利机构儿童养教康社一体化服务规范 第3部分:精神发育迟滞	2022年12月6日	2023年3月6日	自治区民政厅
32	DB64/T 1671.4—2022	儿童福利机构儿童养教康社一体化服务规范 第4部分:脑性瘫痪	2022年12月6日	2023年3月6日	自治区民政厅
33	DB64/T 1671.5—2022	儿童福利机构儿童养教康社一体化服务规范 第5部分:孤独症谱系障碍	2022年12月6日	2023年3月6日	自治区民政厅
34	DB64/T 1671.6—2022	儿童福利机构儿童养教康社一体化服务规范 第6部分:21－三体综合征	2022年12月6日	2023年3月6日	自治区民政厅
35	DB64/T 739—2022 代替 DB64/T 739—2011	婚姻登记服务规范	2022年12月6日	2023年3月6日	自治区民政厅
36	DB64/T 942—2022 代替 DB64/T 942—2014	番茄杂交种子生产技术规程	2022年12月6日	2023年3月6日	自治区农业村厅
37	DB64/T 1561—2022 代替 DB64/T 1561—2018	养老机构安宁服务规范	2022年12月6日	2023年3月6日	自治区民政厅
38	DB64/T 1679—2022 代替 DB64/T 1679—2019	标准地名志编纂规范	2022年12月6日	2023年3月6日	自治区民政厅

宁夏回族自治区交通运输厅

宁交函〔2023〕3号

自治区交通运输厅关于发布《宁夏回族自治区公路工程湿陷性黄土地基处理技术规范》的通知

各市、县(区)交通运输局、宁东管委会建设和交通局,厅属有关单位,厅机关相关处(室),有关企业:

《宁夏回族自治区公路工程湿陷性黄土地基处理技术规范》(DB64/T 1835—2022)已于2022年12月6日经自治区市场监督管理厅批准发布,自2023年3月6日起实施。

该标准的管理权和解释权归自治区交通运输厅,日常解释和管理工作由自治区道路运输事务中心负责。执行过程中遇到的问题,请函告自治区道路运输事务中心,以便修订时参考。

联系人:江敏,马壮;联系电话:0951-2967868;地址:银川市金凤区北京中路175号;邮编750011。

宁夏回族自治区交通运输厅
2023年1月10日

(此件公开发布)

目　次

前言 ··· I
引言 ··· III
1 范围 ·· 1
2 规范性引用文件 ··· 1
3 术语和定义 ·· 1
4 地质勘察与评价 ··· 2
　4.1 一般要求 ··· 2
　4.2 工程地质勘察 ··· 3
　4.3 黄土湿陷性评价 ·· 4
5 设计要求 ··· 6
　5.1 一般要求 ··· 6
　5.2 换填垫层法 ·· 7
　5.3 强夯法 ·· 8
　5.4 挤密桩法 ··· 9
6 施工要求 ·· 11
　6.1 一般要求 ·· 11
　6.2 施工设备 ·· 11
　6.3 换填垫层法 ··· 12
　6.4 强夯法 ··· 12
　6.5 挤密桩法 ·· 12
7 质量检验评定 ·· 13
　7.1 换填垫层法 ··· 13
　7.2 强夯法 ··· 14
　7.3 挤密桩法 ·· 14
附录 A(资料性) 条文说明 ··· 19
　A.1 设计要求 ··· 19
　A.2 施工 ··· 20
　A.3 质量检验评定 ··· 21
参考文献 ·· 22

前　言

本文件按照GB/T 1.1—2020《标准化工作导则　第1部分：标准化文件的结构和起草规则》的规定起草。

请注意本文件的某些内容可能涉及专利。本文件的发布机构不承担识别专利的责任。

本文件由宁夏回族自治区交通运输厅提出、归口并实施。

本文件起草单位：宁夏回族自治区道路运输事务中心、宁夏公路管理中心、宁夏海平高速公路管理有限公司、宁夏交通科学研究所有限公司、中交基础设施养护集团宁夏工程有限公司、宁夏公路勘察设计院有限责任公司、宁夏公路桥梁建设有限公司。

本文件主要起草人：严晓平、马壮、江敏、秦岭、柳国杰、姚爱军、李俊杰、王建宝、田晓明、穆超、刘彦珍、巫茂寅、张晶、尹松乾、杜明、王豪、祁得亨、张立丹、王杰、陈晓炜、陈欣、董永超、孙跃轩、杨军、任克峰。

引 言

宁夏回族自治区黄土分布范围广，土质疏松、多孔、稳定性差，具有明显湿陷特征，尤其是在宁夏盐池、同心、海原等中部干旱带，原州区、彭阳、隆德、泾源、西吉县等六盘山阴湿地区，修建的公路因黄土湿陷造成的路基沉陷变形、路面开裂等病害直接影响了公路的健康运营。为提高湿陷性黄土地区公路的施工质量与运行耐久性，宁夏回族自治区交通运输厅总结了 2004 年至 2018 年以来实施的湿陷性黄土地区公路工程的设计与施工经验，并结合科研成果发布了《挤密桩法处理公路湿陷性黄土地基技术规程》(试行)(宁交办发〔2018〕183 号)，用于指导宁夏公路工程湿陷性黄土地基的设计与施工。通过近 3 年的试行，发现该技术规程与近几年发布的国家标准及行业标准存在着设计、施工、质量检验标准的差异，此规程已不能指导目前公路工程湿陷性黄土地基处理设计、施工与检验评定。

为此，宁夏回族自治区交通运输厅组织相关单位在原试行规程的基础上，全面总结了我区已通车 G70 福银高速公路同心至沿川子段、G22 青兰高速公路东山坡至毛家沟段、G69 银百高速公路宁东至甜水堡段 3 条国家高速公路和 S70 彭阳至青石嘴段、S60 固原至会宁段等 4 条省级高速公路湿陷性黄土地基处理方面的实践经验，在正在实施的 S50 海平、G85 银昆高速公路建设项目选取了我区湿陷性黄土的典型地区和路段，组织了大量的验证试验，调取汇总并分析了大量试验检测数据，参考了周边省份陕西、甘肃、山西等黄土地区类似工程实践成果和科研成果，在广泛征求意见的基础上形成了本规范。

本规范共 7 章，主要内容包括公路湿陷性黄土地基地质勘察与评价、设计要求、施工要求和质量检验评定等内容。

公路工程湿陷性黄土地基处理技术规范

1 范围

本文件规定了公路工程湿陷性黄土地基处理的地质勘察与评价、设计要求、施工要求，描述了质量检验评定方法。

本文件适用于宁夏回族自治区内的新建和改扩建公路工程湿陷性黄土地基处理。

2 规范性引用文件

下列文件中的内容通过文中的规范性引用而构成本文件必不可少的条款。其中，注日期的引用文件，仅该日期对应的版本适用于本文件；不注日期的引用文件，其最新版本（包括所有的修改单）适用于本文件。

GB 175　通用硅酸盐水泥
GB 50025—2018　湿陷性黄土地区建筑标准
JTG D30—2015　公路路基设计规范
JTG/T D31—05—2017　黄土地区公路路基设计与施工技术规范
JTG F80/1—2017　公路工程质量检验评定标准　第一册　土建工程

3 术语和定义

下列术语和定义适用于本文件。

3.1
湿陷性黄土　collapsible loess
在一定压力下受水浸湿，土结构迅速破坏并产生显著附加下沉的黄土。
[来源：JTG/T D31—05—2017，2.1.1]

3.2
非湿陷性黄土　noncollapsible loess
在一定压力下受水浸湿，无显著附加下沉的黄土。
[来源：JTG/T D31—05—2017，2.1.2]

3.3
自重湿陷性黄土　loess collapsible under overburden pressure
在上覆土的自重压力下受水浸湿，发生显著附加下沉的湿陷性黄土。
[来源：JTG/T D31—05—2017，2.1.3]

3.4
非自重湿陷性黄土　loess noncollapsible under overburden pressure
在上覆土的自重压力下受水浸湿，不发生显著附加下沉的湿陷性黄土。
[来源：JTG/T D31—05—2017，2.1.4]

3.5
湿陷量　collapse deformation
湿陷性黄土在一定压力作用下，下沉稳定后，浸水饱和产生的受水浸湿所产生的附加下沉量。
[来源：JTG/T D31—05—2017，2.1.10]

3.6

湿陷系数 coefficient of collapsibility

单位厚度的环刀试样,在一定压力下,下沉稳定后,浸水饱和产生的附加下沉。

[来源:JTG/T D31—05—2017,2.1.12]

3.7

自重湿陷系数 coefficient of collapsibility under over burden pressure

单位厚度的环刀试样,在上覆土的饱和自重压力作用下,下沉稳定后,浸水饱和产生的附加下沉。

[来源:JTG/T D31—05—2017,2.1.13]

3.8

湿陷性黄土地基 collapsible loess foundation

含有湿陷性黄土的建筑物地基。基底下湿陷性黄土层下限深度小于20m定为一般湿陷性黄土地基,大于或等于20m定为大厚度湿陷性黄土地基。

[来源:GB 50025—2018,2.1.12]

4 地质勘察与评价

4.1 一般要求

4.1.1 工程地质勘察应查明黄土层的地质年代、成因、厚度等地质特征,以及黄土湿陷性等物理力学特性。黄土的地貌类型可按表1的规定进行划分。黄土可根据地层的地质年代进行分类,见表2。黄土地区按照场地工程地质条件分类。见表3。

表1 黄土的地貌类型

地貌类型	亚 类	地 貌 特 征
堆积地貌	黄土高原	黄土塬	黄土高原受现代沟谷切割后,保存下来的平坦地面,周边为沟谷环境
		黄土梁	顶面平坦,两侧为深切的冲沟,中部为长条状黄土低丘。长数百米、数千米到上万米,宽数十米到上百米
		黄土峁	孤立的黄土丘陵,顶面平坦或微有起伏,呈圆穹状。大多数是由黄土梁进一步切割而成
	黄土平原	分布于新构造运动下降区,是由黄土堆积形成的低平原,局部发育沟谷,无梁、峁
	河谷阶地	沿河谷及大型河谷两岸分布(或断续分布),表层全部由冲积-洪积黄土等沉积物堆积的阶地
侵蚀地貌	大型河谷	形成及发展与一般侵蚀河谷相似,但其形成及发展过程有时还伴随有风积黄土堆积
	冲沟	黄土土质疏松,常伴有重力崩塌、潜蚀作用,因此发展快,其特征是沟深、壁陡、向源侵蚀作用显著
潜蚀地貌	碟形洼地	流水聚集,使黄土发生湿陷或潜蚀,引起地面下沉后形成的一种直径数米至数十米的洼地
	黄土陷穴	地表水沿黄土孔隙、裂隙下渗潜蚀形成的黄土洞穴
	黄土井	黄土陷穴向下发展,形成深度大于宽度若干倍的洞穴
	黄土桥	两个陷穴之间被水流串通,在陷穴崩塌之后残存的土体呈桥状洞穴
	黄土柱	黄土沿垂直节理崩塌后残存的土柱

表 1 黄土的地貌类型(续)

地貌类型	亚 类	地貌特征
重力地貌	崩塌体	由于黄土冲沟深切,岸坡高陡,上部土体向下崩落滑塌,在坡脚下堆积形成崩塌体的裙状地貌形态
	黄土滑坡	黄土斜坡土体,在重力或地下水作用下产生下滑变形后的簸箕状地貌形态

表 2 黄土地层地质年代分类表

地质年代		地层名称		湿陷性特征
全新世 Q_4	近期 Q_4^2	—	新近堆积黄土	一般具有湿陷性,常具有高压缩性
	早期 Q_4^1	—	新黄土 湿陷性黄土	具有湿陷性
晚更新世 Q_3		马兰黄土		
中更新世 Q_2		离石黄土	老黄土	上部部分土层具有湿陷性
早更新世 Q_1		午城黄土		不具有湿陷性

表 3 黄土场地工程地质条件分类表

序号	场地工程地质条件	描 述
1	复杂场地	地形起伏很大,地貌、地层复杂,有其他特殊性岩土,不良地质现象广泛发育,场地湿陷类型、地基湿陷等级变化复杂且严重~很严重居多,地下水位变化幅度大或变化趋势不利
2	较复杂场地	地形起伏较大,地貌、地层较复杂,局部有其他特殊性岩土,局部有不良地质现象发育,场地湿陷类型、地基湿陷等级变化较复杂且中等居多
3	简单场地	地形平缓,地貌、地层简单,无其他特殊性岩土,不良地质现象不发育,场地湿陷类型单一、地基湿陷等级变化不大且轻微居多

4.1.2 二级及二级以上公路工程,在地质条件复杂或有特殊要求的项目或特殊工点,可进行专门勘察。三级、四级公路工程,在地质条件简单或有工程经验的地区,可根据设计阶段简化勘察阶段。

4.1.3 勘探点、测试点和观测点的布置应查明各地质体界线及工程地质特性,其密度、深度应根据勘察阶段、成图比例、露头情况和工程结构要求等确定。

4.2 工程地质勘察

4.2.1 工程地质勘察工作应编制勘察大纲。当现场地质条件、工程要求、勘察要求等发生变化时,勘察大纲应进行相应调整。

4.2.2 黄土地区工程地质勘察可分为四个阶段,即预可行性研究阶段工程地质勘察(简称预可勘察)、工程可行性研究阶段工程地质勘察(简称工可勘察)、初步设计阶段工程地质勘察(简称初步勘察)和施工图设计阶段工程地质勘察(简称详细勘察)。各阶段的勘察成果应符合各相应设计阶段的要求。

4.2.3 黄土地区公路工程地质勘察应包括下列主要内容。
  a) 黄土的地貌成因、类型、分布、形态特征。
  b) 黄土地层的地质年代、成因、地层结构、厚度。
  c) 黄土层与基岩的接触面形态、下伏地层的岩性和风化程度。
  d) 黄土的土质特征、物理力学性质、地基承载力。
  e) 黄土的湿陷性、场地湿陷类型与等级、土层湿陷下限深度。

f) 地表水的分布、积聚、排泄条件,洪水淹没范围,水流冲刷作用。
g) 地下水的类型、埋深、季节性变化情况,及其与地表水体、灌溉、开采地下水强度的关系等。
h) 路线附近黄土陷穴的位置、形状、大小、发展趋势,以及形成陷穴的水源和水量,对公路构筑物的危害程度。
i) 黄土湿陷洼地、冲沟、地裂缝、滑坡、崩塌、泥石流等不良地质现象的分布、规模、形成条件、发展趋势及其对公路工程的影响。
j) 落水洞、人工坑洞等黄土微地貌的分布、规模、发展趋势及其对公路工程的影响。
k) 既有工程的现状、变形情况及原因。

4.2.4 工程地质勘察应符合下列要求。
a) 应与路线及沿线构造物相结合,为路线方案比选、工程场地选址以及勘探、测试工作量的拟定等提供依据。
b) 应充分收集、分析勘察区既有的各种地质资料,结合必要的遥感解译及勘探手段进行。
c) 采用的地层单位应与公路基本建设程序各阶段的工作内容、深度和成图比例尺相适应。
d) 应沿路线及其两侧的带状范围进行,勘察范围宽度应满足工程方案比选及工程地质分析评价的要求。
e) 需判明环境水、土的腐蚀性以及岩土性质时,应取样进行相关试验分析。

4.2.5 应选择代表性地貌地质单元布置挖探点,取黄土原状土样,测试其湿陷性。

4.2.6 工程地质勘察应提交文字说明、工程地质平面图、综合地层柱状图、工程地质断面图、照片以及相关调查图表等。

4.2.7 黄土场地的勘探应符合下列要求。
a) 根据各个勘察阶段对地质成果的要求,应在充分搜集、分析勘察区既有的各种地质资料的基础上,开展工程地质勘探工作。
b) 黄土地区的勘探方法应根据现场地形地质条件、工点类型、技术要求、勘探手段的适用性等统筹考虑确定,可选择钻探、洛阳铲、麻花钻、井探、坑探、槽探、静力触探等原位测试,开展岩性、水质、土工试验以及工程物探等综合勘探工作。
c) 有地下水发育时,应量测地下水的初见水位和稳定水位。
d) 黄土地基的勘探深度应满足黄土地基湿陷性评价的要求;非自重湿陷性黄土场地的勘探深度应至基底以下不小于10m;自重湿陷性黄土场地,宁夏地区不应小于15m,且不小于压缩层厚度。对挡土墙地基的勘探深度不应小于持力层厚度,控制性勘探点应至非湿陷性黄土层顶面。

4.3 黄土湿陷性评价

4.3.1 黄土的湿陷性应按室内浸水饱和压缩试验在一定压力下测定的湿陷系数值δ_s判定:当湿陷系数$\delta_s<0.015$时,应定为非湿陷性黄土;当湿陷系数$\delta_s \geq 0.015$时,应定为湿陷性黄土。湿陷性黄土湿陷程度应按表4划分。

表4 湿陷性黄土湿陷程度划分表

湿陷系数δ_s	$0.015 \leq \delta_s \leq 0.03$	$0.03 < \delta_s \leq 0.07$	$\delta_s > 0.07$
湿陷程度	湿陷性轻微	湿陷性中等	湿陷性强烈

4.3.2 黄土场地的湿陷类型判定应符合下列规定。
a) 当自重湿陷量的实测值或计算值小于或等于70mm时,应定为非自重湿陷性黄土场地。
b) 当自重湿陷量的实测值或计算值大于70mm时,应定为自重湿陷性黄土场地。

c) 当自重湿陷量的实测值和计算值出现矛盾时,应按自重湿陷量的实测值判定。

4.3.3 湿陷系数 δ_s 可按式(1)计算:

$$\delta_s = \frac{h_p - h'_p}{h_0} \quad\quad\quad\quad (1)$$

式中:

δ_s——湿陷系数;

h_p——保持天然湿度和结构的土样,加压至一定压力时,下沉稳定后的高度(mm);

h'_p——上述加压稳定后的土样,在浸水饱和作用下,附加下沉稳定后的高度(mm);

h_0——土样的原始高度(mm)。

4.3.4 自重湿陷系数 δ_{zs} 可按式(2)计算:

$$\delta_{zs} = \frac{h_z - h'_z}{h_0} \quad\quad\quad\quad (2)$$

式中:

δ_{zs}——自重湿陷系数;

h_z——保持天然湿度和结构的土样,加压至该土样上覆土的饱和自重压力时,下沉稳定后的高度(mm);

h'_z——上述加压稳定后的土样,在浸水饱和作用下,附加下沉稳定后的高度(mm)。

4.3.5 湿陷性黄土场地自重湿陷量的计算值 Δ_{ZS} 可按式(3)计算:

$$\Delta_{ZS} = \beta_0 \sum_{i=1}^{n} \delta_{zsi} h_i \quad\quad\quad\quad (3)$$

式中:

Δ_{ZS}——湿陷性黄土场地自重湿陷量的计算值;

β_0——因地区土质而异的修正系数。有实测资料时,按照实测资料取值;缺乏实测资料时,宁夏地区可取1.40;

δ_{zsi}——第 i 层土的自重湿陷系数;

h_i——第 i 层土的厚度(mm)。

4.3.6 自重湿陷量的计算值 Δ_{ZS} 应自天然地面算起,挖方路基应自设计高程算起,至其下非湿陷性黄土层的顶面为止。其中,埋深10m范围内自重湿陷系数 δ_{zs} 小于0.015、埋深10~15m的自重湿陷系数 δ_{zs} 小于0.020、埋深大于15m的自重湿陷系数 δ_{zs} 小于0.025时,不应累计计算。

4.3.7 湿陷性黄土地基受水浸湿饱和时,其湿陷量 Δ_S 可按式(4)计算:

$$\Delta_S = \sum_{i=1}^{n} \beta \delta_{si} h_i \quad\quad\quad\quad (4)$$

式中:

Δ_S——湿陷性黄土地基受水饱和时的湿陷量的计算值;

h_i——第 i 层土的厚度(mm);

δ_{si}——第 i 层土的湿陷系数;

β——考虑基底以下地基土受水浸湿可能性和侧向挤出等因素的修正系数。当缺乏实测资料时,挡墙等小型构造物基底以下0~5m深度范围内,可取1.50;5~10m深度范围内,可取1.00;10m以下深度至非湿陷性黄土层顶面,在自重湿陷性黄土场地,可取工程所在地区的 β_0 值。路堤可取所在地区的 β_0 值。

4.3.8 湿陷量 Δ_S 的计算值,在初勘阶段应自地面以下1.5m算起;详勘阶段应自基底算起。在非自重湿陷性黄土场地,应计算至基底以下10m(或地基压缩层)深度为止。在自重湿陷性黄土场地,对高挡墙等重要工程应累计计算至非湿陷性黄土层顶面为止;对其他工程,当基底下的湿陷性土层厚度大于10m时,其累计计算深度可根据所在地区确定。宁夏地区累计计算深度不应小于15m。其中,基底下

10m 范围内湿陷系数 δ_s 的值小于 0.015，埋深 10～15m 的湿陷系数 δ_s 的值小于 0.02，埋深大于 15m 的湿陷系数 δ_s 的值小于 0.025 时，不应累计计算。

4.3.9 湿陷性黄土地基湿陷等级应按表 5 判定。

表 5 湿陷性黄土地基湿陷等级划分表

单位为毫米

湿陷类型		非自重湿陷场地	非自重湿陷场地	
自重湿陷量的计算值 Δ_{ZS}		$\Delta_{ZS} \leq 70$	$70 < \Delta_{ZS} \leq 350$	$\Delta_{ZS} > 350$
总湿陷量的计算值 Δ_S	$\Delta_S \leq 300$	Ⅰ（轻微）	Ⅱ（中等）	—
	$300 < \Delta_S \leq 700$	Ⅱ（中等）	Ⅱ（中等）或Ⅲ（严重）※	Ⅲ（严重）
	$\Delta_S > 700$	Ⅱ（中等）	Ⅲ（严重）	Ⅳ（很严重）

注※：当总湿陷量计算值 Δ_S 大于 600mm、自重湿陷量的计算值 Δ_{ZS} 大于 300mm 时，可判别为Ⅲ级，其他情况可判为Ⅱ级。

5 设计要求

5.1 一般要求

5.1.1 湿陷性黄土地基处理应按下列要求进行：
  a) 场地的工程地质及水文地质等岩土工程勘察资料，包括湿陷性黄土地基的湿陷类型与等级、湿陷土层的深度、含水率、饱和度与干密度、地下水和地表水情况等。
  b) 公路等级、路基填挖情况、路面结构等基础资料。
  c) 场地及其邻近场地的地下工程和管线埋置、建筑物等情况，湿陷性黄土地基处理施工可能存在不利影响的周边环境条件。
  d) 当地施工机械型号与性能、当地类似工程的有关湿陷性黄土地基处理的技术资料。

5.1.2 湿陷性黄土路段地基处理深度应根据土质条件、路堤填高、受水浸湿可能性、湿陷后危害程度及修复难易程度，结合地形地貌条件综合确定。湿陷性黄土地区的公路工程宜按照表 6 的规定划分等级并确定地基处理厚度。

表 6 公路工程等级划分

公路工程等级	划 分 标 准
甲类	①二级及二级以上公路的涵洞、通道； ②二级及二级以上公路与桥台距离 25m 范围内的路基； ③高挡土墙（墙高大于 6m）路段
乙类	除甲类、丙类以外的工程
丙类	三级及三级以下公路

5.1.3 甲类工程应消除地基的全部湿陷量或采用桩基础穿透地表水、施工用水下渗影响范围内的全部湿陷性土层。乙类工程、丙类工程应采取地基处理措施消除地基的部分湿陷量。乙类工程采用消除部分湿陷量措施时，处理厚度不应小于湿陷性土层的 2/3，且下部湿陷性黄土层的剩余湿陷量不应大于 150mm。处理土层大于或等于 6m 时，下部湿陷性黄土层的剩余湿陷量不宜大于 150mm。丙类工程采用消除部分湿陷量措施时，下部湿陷性黄土层的剩余湿陷量不应大于 200mm。丙类工程当地基湿陷等

级为Ⅰ～Ⅱ级时,可不进行处理。乙类工程地基最小处理深度应符合表7的要求。参见附录 A.1.1。

表 7 湿陷性黄土地基最小处理深度

单位为米

地基类型	湿陷等级及特征							
	经常积水(或浸湿可能性大)				季节性积水(或浸湿可能性小)			
	Ⅰ	Ⅱ	Ⅲ	Ⅳ	Ⅰ	Ⅱ	Ⅲ	Ⅳ
高度大于4m的路堤	2	3	4	6	1	2	3	5
零填、路堑、高度小于或等于4m的路堤	1	1.5	2	3	1	1.5	2	2.5

5.1.4 湿陷性黄土地基处理宽度,路堤段至坡脚排水沟外侧应不小于1m,且距离坡脚不小于3m;路堑段为路基边沟外缘(包括碎落台)之间的范围。挡土墙等小型构造物处的处理宽度应与相邻路基相同,同时结合防排水措施确定处理范围。参见附录 A.1.2。

5.1.5 与桥台、涵洞等相邻路基的地基处理纵向长度应按照不宜小于式(5)计算值。二级及二级以上公路过渡段处理长度不得小于25m。参见附录 A.1.3。

$$L = 2 \times (3H + 5) + 2H \quad\quad\quad\quad\quad\quad\quad (5)$$

式中:
L——地基处理长度(m);
H——路堤填土高度(m)。

5.1.6 湿陷性黄土地基处理应根据地表水、地下水等情况,加强防、排水设计,与防、排水相结合,做到防治并重。防、排水措施包括路基周围地面设置排水坡度、地面表层加固防渗处理、侧向防渗墙、侧向防(隔)水带、路基排水设施的防渗漏等。参见附录 A.1.4。

5.1.7 一般情况下,各项地基处理措施完成后,应在顶部设置厚度不小于0.3～0.5m的石灰土或水泥土垫层。

5.1.8 湿陷性黄土地基处理设计,应根据公路等级、湿陷等级、处理深度要求、施工条件、材料来源及对周围环境的影响等,按表8经技术经济比较后确定处理措施。

表 8 湿陷性黄土常用地基处理措施

处理措施	适用范围	处理深度
换填垫层法	厚度3m以内的湿陷性黄土,当临近房屋建筑、结构物,其他处理方法受限时	1～3m
强夯法	地下水位以上,饱和度$S_r \leq 60\%$的各个等级的湿陷性黄土	3～6m,最大8m
挤密桩法	地下水位以上,饱和度$S_r \leq 65\%$的湿陷等级为Ⅱ～Ⅳ级的自重湿陷性黄土	5～12m,最大15m

5.1.9 湿陷性黄土地基处理措施在大面积使用前应选择代表性路段进行试验与测试,以确定各项处理措施的适用性、设计施工参数、施工工艺、处理效果及检验标准,确认技术可行后,方可正式施工。

5.2 换填垫层法

5.2.1 换填垫层法处理湿陷性黄土地基的设计内容,应包括垫层材料选择、垫层厚度、宽度及承载力、施工工艺要求等。

5.2.2 垫层材料可采用石灰土、水泥土、素土等,不应采用砂石、建筑垃圾、矿渣等透水性强的材料。高速公路、一级公路宜采用石灰土或水泥土垫层,二级及二级以下公路可采用石灰土、水泥土垫层或素土垫层。

5.2.3 高速公路、一级公路,当采用石灰土或水泥土垫层的厚度大于1.5m时,可采用上下垫层法,即下部和上部各0.5m范围采用石灰土或水泥土垫层,中间采用素土垫层。二级及二级以下公路,当素土垫层厚度大于2m,且含水率大于或接近最佳含水率时,垫层底部应设置0.5m厚的石灰土或水泥土垫层。

5.2.4 石灰土垫层的石灰剂量,其质量比对消石灰宜为8%,对磨细生石灰宜为6%。塑性指数7～15的黏质土不应含有有机质,土块粒径不宜大于15mm。石灰中CaO+MgO含量不应低于55%,宜选用Ⅲ级钙质消石灰或Ⅱ级镁质消石灰。

5.2.5 水泥土垫层中水泥与土的配合比宜通过试验确定,其质量比宜为4%～5%,强度等级为32.5或42.5,且满足设计要求的粉煤灰水泥或普通硅酸盐水泥均可使用,初凝时间应大于3h,终凝时间应大于6h且小于10h,各项指标应符合GB 175中的规定。参见附录A.1.5。

5.2.6 换填垫层的地基承载力,宜通过现场载荷试验确定,并应进行下卧层承载力的验算。无试验资料时,估算的石灰土、水泥土垫层承载力特征值不宜超过250kPa。

5.2.7 素土垫层的土料中有机质含量不应超过5%,不应夹有砖块、瓦砾和石块等。

5.3 强夯法

5.3.1 强夯法处理湿陷性黄土地基的设计内容,应包括夯击能、夯击方案、施工工艺及要求等。

5.3.2 强夯法的有效处理深度应根据试夯测试结果或当地经验确定。当初步设计缺少相关资料时,强夯法的有效处理深度可按表9中所列的相应单击夯击能估算。

表9 强夯法的有效处理深度

单击夯击能 (kN·m)	全新世(Q_4)黄土、晚更新世(Q_3)黄土 (m)	中更新世(Q_2)黄土 (m)
1000～2000	3.0～5.0	—
2000～3000	5.0～6.0	—
3000～4000	6.0～7.0	—
4000～5000	7.0～8.0	—
5000～6000	8.0～9.0	7.0～8.0
7000～8500	9.0～12.0	8.0～10.0

注:对应栏内,单击夯击能小的取小值,单击夯击能大的取大值。
　　强夯法的有效处理深度系指可有效地消除土体湿陷性的深度范围,应从最初起夯面算起。

5.3.3 强夯法处理湿陷性黄土地基时,应根据夯击机具、夯击能、填料性质等,合理确定与桥涵、挡墙、建筑物、管线等构造物的安全距离。采用强夯震动影响较大的地基处理方案时,应在桥涵施工前完成。设计应查明夯点距离周围房屋建筑的最小水平安全距离,可参考表10确定。当施工场地不满足安全距离要求时,应在需要减振的方向开挖减振沟,减振沟深度不应小于2m。

表10 强夯施工最小水平安全距离参考值

单击夯击能 (kN·m)	最小水平安全距离 (m)	单击夯击能 (kN·m)	最小水平安全距离 (m)
1000～2000	40	6000	70
3000	50	7000	75
4000	60	8000	85
5000	65	—	—

5.3.4 强夯施工前应在代表性路段选取试夯区进行试夯,确定夯击方案、单击夯击能、夯击次数、夯击遍数、间歇时间等参数。每个试夯区场地面积不应小于500m²。

5.3.5 强夯处理地基土的含水率宜在8%~24%范围内。当含水率过高或过低时,可采取下列处理措施:含水率小于8%时,可用洛阳铲等成孔注水润湿土体,待3~7天后进行施工。含水率大于24%时,可进行晾晒;待含水率降低后再行施工。

5.3.6 强夯能级应根据湿陷性黄土地层年代、夯实厚度、处理深度内地层含水率、饱和度等因素综合确定,单点夯击能不应小于1000kN·m。当单点夯击能小于2000kN·m时,最后两击平均夯沉量不大于50mm;当单点夯击能为2000~4000kN·m时,最后两击平均夯沉量不大于100mm;当单击夯击能大于4000kN·m时,最后两击的平均夯沉量不大于200mm。同时,最后一击的夯沉量应小于上一击的夯沉量,夯坑周围地面不应发生过大的隆起,夯坑不应过深而造成提锤困难。

5.4 挤密桩法

5.4.1 当地基土的含水率低于12%或土质坚硬成孔挤密困难,影响挤密效果时,可对处理范围内的土层采取预浸水增湿措施。

5.4.2 挤密桩法处理公路湿陷性黄土地基的设计内容,应包括地基处理前、后湿陷沉降量计算,确定挤密桩地基处理范围、桩径、桩距、桩长、桩孔填料及压实度、桩间土挤密系数、施工工艺要求和综合措施(垫层、防排水、路基结构)等。

5.4.3 挤密桩的处理宽度除应符合本规范第5.1.4条的规定外,其宽度范围尚应按图1所示计算,即宽度以最外一排桩之外桩径的一半为界。

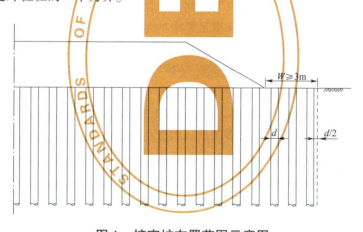

图1 挤密桩布置范围示意图

d——桩径(m);W——超出路堤坡脚的宽度(m)

5.4.4 挤密桩桩孔直径宜为0.4~0.6m,可根据当地常用成孔机械的类型、规格和技术经济性、控制施工质量等因素确定。干拌水泥碎石挤密桩的成桩直径不宜大于0.3m。桩孔布置宜按等边三角形排列;桩孔不宜少于3排。参见附录A.1.6。

5.4.5 挤密桩的中心间距S,应根据桩间土得到有效挤密、消除桩长影响厚度范围内黄土的湿陷性的原则计算确定,一般为桩孔直径的2.0~2.5倍。参见附录A.1.7。挤密桩桩孔之间的中心距离,按照式(6)计算:

$$S = \beta \sqrt{\frac{\bar{\rho}_{dc} D^2 - \bar{\rho}_{d0} d^2}{\bar{\rho}_{dc} - \bar{\rho}_{d0}}} \qquad\qquad (6)$$

式中:

S——挤密桩的中心间距(m);

D——挤密填料孔直径(m);

d——预钻孔直径(m),无预钻孔时取0;

β——桩位在平面上呈正三角形布置时,$\beta=0.952$;

$\bar{\rho}_{d0}$——处理前地基土受力层范围内,各土层的干密度按厚度加权计算的平均值(g/cm³);

$\bar{\rho}_{dc}$——桩间土挤密后的平均干密度(g/cm³),$\bar{\rho}_{dc}=\bar{\eta}_c\rho_{dmax}$;

ρ_{dmax}——桩间土的最大干密度(g/cm³),由室内重型击实试验确定;

$\bar{\eta}_c$——桩间土挤密后的平均挤密系数,3个孔之间土的平均挤密系数,不宜小于0.90。

5.4.6 挤密填孔后,3个孔之间土的最小挤密系数η_{dmin},按照式(7)计算,参见附录A.1.8。

$$\eta_{dmin}=\frac{\rho_{dc}}{\rho_{dmax}} \quad\quad\quad\quad\quad (7)$$

式中:

η_{dmin}——土的最小挤密系数,不宜小于0.88;

ρ_{dc}——桩间土挤密后,相邻3个孔之间形心点部位土的干密度(g/cm³)。

5.4.7 挤密桩桩孔填料可采用素土、石灰土、水泥土、干拌水泥碎石等材料。桩孔填料应满足 JTG D30—2015 中3.3.3条路基填料的规定。参见附录A.1.7。

a) 素土:土料中有机质含量不应超过5%,亦不应夹有砖块、瓦砾和石块。用于石灰土、水泥土中的土料宜过筛,粒径不应超过15mm。

b) 石灰:应采用新鲜消石灰,不得采用生石灰。石灰粒径不应大于5mm,保存期不宜超过3个月。石灰中 CaO + MgO 含量不应低于55%。高速公路和一级公路宜采用Ⅱ级钙质消石灰或Ⅰ级镁质消石灰,二级及二级以下公路宜采用Ⅲ级钙质消石灰或Ⅱ级镁质消石灰。

c) 水泥:强度等级为32.5或42.5,且满足要求的粉煤灰水泥或普通硅酸盐水泥均可使用,初凝时间应大于3h,终凝时间应大于6h且小于10h,各项指标应符合 GB 175 中的规定。

d) 碎石:碎石粒径宜为5~20mm,其含泥量应不大于5%。石屑粒径宜为0~5mm。

e) 素土挤密桩柱孔内所填土料宜采用塑性指数7~15的黏质土。

f) 石灰土挤密桩桩孔内所填石灰土掺灰量宜为10%~12%。

g) 水泥土挤密桩桩孔内所填水泥土掺灰量宜为7%~12%。

h) 干拌水泥碎石挤密桩桩孔内所填水泥碎石的配合比宜为水泥:石屑:碎石 = 1.0:2.6:3.3。

5.4.8 挤密桩桩孔内填料均应分层回填夯实,分层夯填之后的桩体压实度不宜小于93%。参见附录 A.1.8。

5.4.9 高速公路、一级公路的湿陷性黄土地基处理宜采用石灰土、水泥土挤密桩或干拌水泥碎石桩,高速公路不应采用素土挤密桩。其他等级公路一般路段宜选用素土桩,对于桥台、涵洞等相邻路基、高挡土墙路段宜选用石灰土或水泥土挤密桩。参见附录A.1.9。

5.4.10 挤密桩的桩顶,应设置厚度为0.3~0.5m厚的石灰土或水泥土垫层。石灰土或水泥土垫层掺灰量按5.2.4、5.2.5条执行。

5.4.11 挤密桩桩顶垫层压实度应不小于93%。同时,还应符合 JGT D30 中所处相应层位有关压实度的要求。

5.4.12 垫层宽度应不小于挤密桩处理的宽度。防止地表水入渗时,垫层顶面高程应高出地面不宜小于0.2m。参见附录A.1.10。

5.4.13 挤密桩施工前应进行成桩工艺和成桩挤密系数效果试验。当成桩质量达不到设计要求时,应对设计与施工参数进行调整,重新进行试验或调整设计方案。试验路段应选择在地质条件、断面形式等工程特点具有代表性的地段,路段长度不应小于30m。

5.4.14 对于桩孔水泥土、石灰土填料应采用稳定土厂站拌和设备集中拌和,对于桩顶稳定土垫层可采用稳定土厂站设备集中拌和或性能较好的采用路拌设备拌制。

6 施工要求

6.1 一般要求

6.1.1 施工前应熟悉设计文件、清楚设计意图和技术标准,并进行现场核对。应根据对设计文件核对后的工程项目、工程量、工地特点、工期要求和施工条件,结合实际设备能力,编制专项施工方案。

6.1.2 施工前应做好临时排水,临时排水设施应与永久排水设施综合考虑,并与工程影响范围内的自然排水系统相协调。

6.1.3 湿陷性黄土地基处理应按设计要求进行施工期监测。

6.1.4 换填垫层施工前应先施作排水、截水设施,施工现场应防止积水。

6.1.5 挤密桩采用冲击成孔法时,宜考虑施工噪声对临近居民区的影响。

6.2 施工设备

6.2.1 素土、石灰土、水泥土挤密桩宜采用履带式打桩机,辅以导杆式柴油锤循环冲击桩管成孔。桩管宜选用壁厚不小于10mm的钢管,管壁上每隔0.5m应设置监测深度的标识,导杆架、桩管垂直度应满足桩体垂直度要求。常用成孔设备技术性能参考表11确定。参见附录A.2.1。

表11 柴油打桩机(锤)的技术性能参考表

分 类	型 号	性能指标		适用条件	
		锤重(kN)	冲击能(kN·m)	桩孔直径(cm)	最大孔深(m)
导杆式	D1-25	25	50	40~50	4~6
	D1-30	30	60	40~60	6~10
	D1-40	40	80	40~60	10~12
	D1-50	50	100	50~60	12~15
注:同一型号桩锤的适用条件与地质条件相关,土质较松软时适用的桩孔径和最大深度可适当加大。经过改装的机架,大吨位桩锤成孔深度可达15m以上。					

6.2.2 素土、石灰土、水泥土挤密桩成孔回填宜采用夹杆式夯实机,夯实机应具备自动计量填料性能。锤重宜为0.2t以上,夯锤最大部分直径宜较桩孔直径小100~150mm,夯锤底部宜为抛物线形,上端呈弧形。

6.2.3 干拌水泥碎石桩可采用振动沉管灌注法或套管挤密法成桩。振动沉管灌注成桩宜采用振动沉管打桩机,成桩应为单管式;套管挤密成桩宜采用冲击成孔套管挤密打桩机,成桩应为套管式。

6.2.4 石灰土、水泥土、干拌水泥碎石挤密桩桩孔填料宜采用集中厂拌,拌和设备应与稳定土类拌和设备性能相一致,并具备自动计量功能。参见附录A.2.2。

6.2.5 强夯夯锤宜采用铸钢锤,锤底面积大小均匀设置2~4个上下贯通的排气孔,排气孔直径不宜大于250mm。单击夯击能4000kN·m以下采用的夯锤底面直径宜为2.5m;单击夯击能5000kN·m以上采用的夯锤底面直径宜为3.0m。起吊夯锤用的机械设备宜选用履带式起重机,可在吊臂两侧辅以门架,提高起重能力和安全性。

6.3 换填垫层法

6.3.1 当垫层底部存在洞穴时,应采用石灰土或水泥土分层填实;当垫层底部存在旧基础时,应挖除旧基础后,用石灰土或水泥土分层填实。

6.3.2 垫层应分层摊铺碾压,每层松铺厚度宜不大于300mm,压实厚度应不小于100mm,摊铺厚度、压实遍数宜通过试验段确定。参见附录A.2.3。

6.3.3 垫层填筑压实施工过程中,每填筑压实一层,应及时测定压实度。压实度应不小于设计且应满足路基相应层位的要求值。

6.3.4 换填垫层用作小型构造物的地基处理时,应通过载荷试验检测垫层承载力。

6.3.5 垫层验收合格后,应及时填筑路堤或做临时遮盖,防止日晒雨淋。

6.3.6 水泥土垫层施工应符合下列规定。
  a) 施工应快速摊铺、快速整平、快速碾压、快速检测,并在水泥初凝前结束。
  b) 施工过程中,应严格控制土的含水率与水泥用量。对局部出现的弹簧土,应及时清除。
  c) 施工过程应一次成型,不得对初凝成型后的水泥土进行二次补压,以免水泥土结构破坏。
  d) 施工间歇期应注意保湿,顶面最后一层的养护期宜不少于7天,养护可采取洒水养护、薄膜覆盖养护、土工布覆盖养护等方式,宜结合工程实际情况选择适宜的方式。
  e) 养护期间应封闭交通,除洒水车和小型通勤车辆外,严禁其他车辆通行,洒水车宜具备侧喷性能。
  f) 不应在雨天、冬期进行水泥土垫层施工。

6.4 强夯法

6.4.1 强夯施工前应进行试夯,确定夯击工艺。

6.4.2 强夯施工应符合下列要求:
  a) 夯点宜按正方形或等边三角形布置,夯点中心距可取夯锤直径的1.2~2.0倍。
  b) 强夯宜分为主夯、副夯、满夯三遍实施。第一遍主夯完成后,第二遍的副夯点应在主夯点中间穿插布置;副夯点与主夯点的布置间距及单击夯击能应相同。满夯夯点应采用彼此搭接1/4连续夯击;满夯单击夯击能可采用主夯单击夯击能的1/2~1/3。
  c) 两遍夯击之间宜有一定的时间间歇,间歇时间根据试夯结果确定。参见附录A.2.4。
  d) 强夯夯点的夯击次数,应按试夯得到的夯击次数和夯沉量关系曲线确定,并应符合JTG/T D31—05—2017中4.4.9条第4款规定。
  e) 夯锤的中心落点要及时校核,避免夯锤落地后倾斜,避免出现某一击数下夯沉量反而小于其后一次夯沉量的现象。
  f) 强夯施工距周围房屋建筑、构造物的最小水平安全距离应按本文件5.3.3条规定执行。

6.5 挤密桩法

6.5.1 开工前应进行试验段施工,确定成桩工艺和成桩挤密效果。

6.5.2 应严格按试验段验证的设计与施工参数进行施工,确保地基挤密效果。参见附录A.2.5。

6.5.3 挤密桩相邻桩孔不宜同时成孔、同时回填夯实。整片处理时,宜从里(或中间)向外,间隔1~2个孔依次进行;局部处理时,宜从外向里,间隔1~2个孔依次进行。

6.5.4 成桩时桩顶土层按设计处理。参见附录A.2.6。

6.5.5 挤密桩不宜预钻成孔。当挤密处理深度超过12m时,可预钻成孔。预钻孔夯扩挤密工艺施工前,应进行试验性施工。试验结果应满足设计要求,并应符合JTG/T D31—05—2017中4.5.10条和GB 50025—2018中7.2.12条第3款、7.2.17第3款的规定。参见附录A.2.7。

6.5.6 冲击沉管法成孔施工参见附录A.2.8并应符合下列要求。

a) 沉管初始阶段,宜采用低锤勤击。当桩管沉入深度超过1m,方向垂直且稳定后,再加大落距,直至桩管下沉至设计深度。
b) 沉管过程中如桩孔明显偏斜,应立即停止施工,分析原因并采取相应的纠偏措施。
c) 成孔后应检测孔深、孔径、垂直度,检测数量不得少于总孔数的2%,且每台班不应少于1孔。当发现塌孔、缩径、偏斜等问题时,应及时采取措施处理。
d) 施工应及时记录锤重、落距、冲击次数、孔深等原始施工参数。
e) 成孔后应及时进行桩孔防护,防止灌水和落入土块、杂物。

6.5.7 素土、石灰土、水泥土桩孔夯填施工参见附录A.2.9并应符合下列要求。
a) 开始填料前,应将孔底夯实。桩孔抽检合格后应及时夯填,夯填宜间隔、分批进行。
b) 夯填施工应分层进行,不得边填边夯。层厚应按试验段确定的成桩工艺控制,且松铺厚度不宜超过30cm。分层夯填之后的桩体平均压实度不宜小于93%。
c) 各种填料的含水率宜控制在其最佳含水率±3%的范围内。
d) 夯填终止高度宜高于桩顶30cm以上,剩余桩孔用其他土料轻夯回填至地面。
e) 应全程记录孔深、夯击次数、孔内填料数量等施工过程参数。

6.5.8 干拌水泥碎石桩施工应符合下列要求。
a) 混合料应按照成桩试验确定的配合比拌制,搅拌时间不得少于1min。
b) 沉管至设计高程后应尽快投料,首次投料量应使管内混合料面与投料口平齐。拔管过程中发现料量不足时应及时补充投料。
c) 套管挤密成桩应先拔内套管,后拔外套管。提升内套管夯击孔内混合料,落距0.5~1m,夯击次数不宜少于2次。拔管匀速缓慢进行,每次提升高度宜为1m。
d) 振动沉管宜在设计高程留振10s左右,然后边振动,边拔管。拔管速度宜为1.2~1.5m/min,拔管过程不得反插。

7 质量检验评定

7.1 换填垫层法

7.1.1 检验方法与标准应符合下列规定。
a) 垫层填筑压实施工过程中,每填筑压实一层,应及时测定压实度,压实度应满足路基相应层位的要求值,检测频率应符合JTG F80/1的相关规定。
b) 换填垫层用作小型构造物的基础时,应检测垫层承载力。测点数量,每个独立工点或分项工程不应少于3处。承载力应满足设计要求。
c) 水泥土压实度优先采用室内"0小时标准击实试验所得的最大干密度"进行控制。其他水泥土垫层同样适用本条款。参见附录A.3.1、A.3.2。

7.1.2 换填垫层法实测项目应符合表12的规定。

表12 换填垫层法实测项目

序号	检查项目	允许偏差或允许值	检查频率	试验方法
1	厚度(mm)	≥设计值	每200m测2点,且不少于5点	JTG 3450 T 0912
2	宽度(mm)	≥设计值	每200m测2点,且不少于5点	JTG 3450 T 0911

表 12 换填垫层法实测项目(续)

序号	检查项目	允许偏差或允许值	检查频率	试验方法
3△	压实度（%）	≥设计值	每1000m²测2点,且不少于5点	JTG 3450 T 0921
4△	地基承载力（kPa）	满足设计要求	每工点或分项工程不少于3处	JGJ 340 载荷试验
5	水泥或石灰剂量（%）	满足设计要求	每1000m³或每台班、每台拌和设备每日不少于3次	JTG E51 T 0809

注：表中以"△"标识的检查项目为关键检查项目,关键检查项目中压实度合格率不应小于95%,地基承载力合格率为100%,其他检查项目为一般项目合格率不低于80%,否则该检查项目不合格。

7.2 强夯法

7.2.1 检验方法与标准应符合下列规定。

a) 强夯法施工结束后7~14d,在设计处理深度内每隔0.5m取1~2个土样进行试验,测定土的压实度,压实度结果应不小于设计值,检测频率按每2000m²检测一处执行,击实试验采用重型击实试验。

b) 强夯法施工结束后7~14d,当设计对湿陷系数有具体要求时,在设计处理深度内每隔0.5m取1~2个土样进行试验,测定土样的湿陷系数,湿陷系数应小于0.015,检测频率为每2000m²检测一处。

c) 施工结束后15~30d,可采用载荷试验、标准贯入试验、瞬态瑞利波法或探井取样试验等方法检验地基土的强度变化情况,评价强夯的效果。载荷试验的频率应按每3000m²检测一处控制,且应不少于3处；其他方法的检测频率可适当增大。承载力应满足设计要求。

7.2.2 强夯法实测项目应符合表13的规定。

表 13 强夯法实测项目

序号	检查项目	允许偏差或允许值	检查频率	试验方法
1△	压实度（%）	≥设计值	每2000m²检测一处	JTG 3450 T 0921、T 0923
2△	湿陷系数	满足设计要求	每2000m²检测一处	JTG 3430 T 0139
3△	地基承载力（kPa）	满足设计要求	每3000m²检测一处,且不少于3处	JGJ 340 载荷试验
		满足设计要求	每2000m²检测一处	标准贯入试验

注：表中以"△"标识的检查项目为关键检查项目,关键检查项目中压实度、湿陷系数合格率不应小于95%,地基承载力合格率为100%,否则该检查项目不合格。

7.3 挤密桩法

7.3.1 检测要求与方法

7.3.1.1 桩孔质量检验应在成孔时及时进行并记录,检验合格或经处理后方可进行夯填施工。检验的内容及方法：

a) 桩孔直径、孔深、桩间距:检测桩孔直径时应在下挖50~100cm深后,沿圆周对称的十字方向测量两个断面,取平均值。检测深度时应将底部夯实,采用测绳测量。桩间距采用尺量。
b) 桩孔垂直度:采用全站仪或经纬仪测桩管。
c) 桩位偏差:采用全站仪或RTK测量仪。
d) 桩孔内应无缩孔、塌孔及回淤等,以及无落入杂物或灌水等情况。如出现上述问题,应进行处理或重新成孔,并应在成孔记录表中进行记录。

7.3.1.2 施工中应及时检测孔内填料压实质量,检验频率应为总孔数的2%,且每台班不应少于1孔。自桩顶向下0.5m起,宜每1m取2个土样测定干密度,计算本层填料的压实度平均值λ_{ci},按式(8)计算出全桩长(n层)的平均压实度$\bar{\lambda}_c$。取样点的位置应在距离孔心2/3孔半径处。桩体填料平均压实度不小于93%,其中压实度最小值不应低于88%。

$$\bar{\lambda}_c = \frac{\sum_{i=1}^{n} \lambda_{ci}}{n} \quad\quad\quad\quad\quad\quad\quad\quad\quad\quad (8)$$

式中:

$\bar{\lambda}_c$——全桩长(n层)的平均压实度;
λ_{ci}——本层填料的压实度平均值。

7.3.1.3 桩间土挤密效果检验。

a) 湿陷系数:试验段施工结束后应进行桩间土湿陷系数试验,验证成桩工艺和挤密效果,进行湿陷性评价。其他路段在必要时或土质发生变化时应进行湿陷系数试验。湿陷系数取样位置应位于相邻3桩(三角形布桩)或4桩(正方形布桩)形心位置,竖向取样间隔不宜超过1m。参见附录A.3.3。
b) 桩间土挤密系数:全部桩孔施工结束后,应进行桩间土挤密系数检测,检测孔数量应为总桩孔数的0.3%,且应不少于3孔。自桩顶高程向下0.5m起,在检测孔中宜每1m取2个土样(桩孔外100mm处1个、相邻桩中心点1个)测定干密度,计算该层土的挤密系数平均值η_{ci}。桩长小于或等于6m时,全部深度内取样点不应少于10点(5层);桩长大于6m时,全部深度内取样点应不少于12点(6层)。按式(9)计算全处理厚度内(n层)桩间土的平均挤密系数$\bar{\eta}_c$。

$$\bar{\eta}_c = \frac{\sum_{i=1}^{n} \eta_{ci}}{n} \quad\quad\quad\quad\quad\quad\quad\quad\quad\quad (9)$$

式中:

$\bar{\eta}_c$——全处理厚度内(n层)桩间土的平均挤密系数;
η_{ci}——本层桩间土的压实度平均值。

7.3.1.4 地基承载力检验。

a) 当设计对地基承载力有具体要求时,对素土桩应在成桩后7~14d,对石灰土桩、水泥土桩、水泥碎石桩应在成桩后14~28d进行单桩或多桩复合地基载荷试验,确定复合地基承载力特征值。载荷试验检测频率应为:素土、水泥土及石灰土挤密桩为总桩数的0.2%~0.5%,且应不少于3处;水泥碎石挤密桩为总桩数的0.1%,且应不少于3处。参见附录A.3.4。
b) 当桩孔填料压实质量、桩间土挤密效果检验不合格时,应进行单桩或多桩复合地基现场浸水载荷试验,以综合判断处理后消除地基湿陷性的实际效果。当在承载力特征值压力下进行浸水时,可将浸水沉陷稳定后承压板的沉陷量与其直径或宽度的比值小于0.015,作为判断处理后是否消除地基湿陷性的标准。现场浸水载荷试验不宜少于3处。

7.3.2 实测项目

挤密桩处理地基工程实测项目应符合表14~表17的规定。

表 14 素土挤密桩实测项目

序号	检查项目		允许偏差或允许值	检查频率	试验方法
1△	桩体填料平均压实度(%)		满足设计要求且≥93	检验总桩数的2%,且每台班不少于1孔	JTG 3450 T 0923
2△	桩间土平均挤密系数(%)		满足设计要求且≥90	检验总桩数的0.3%,且不少于3孔	JTG 3450 T 0923
3△	成孔质量	孔深(m)	≥设计值	检测总桩数的2%,且每台班不少于1孔	测绳
4		桩径(mm)	≥设计值	检测总桩数的2%,且每台班不少于1孔	尺量
5		桩位偏差(mm)	≤0.25D	检验总桩数的2%	全站仪或RTK测量仪
6		桩距(mm)	±100	检验总桩数的2%,且不少于5点	尺量
7		垂直度(mm)	≤1%H	检验总桩数的2%,且每台班不少于1孔	全站仪或经纬仪测桩管
8△	桩间土湿陷系数		满足设计要求	试验段按总桩数的0.3%,且不少于3孔或必要时	JTG 3430 T 0139
9△	地基承载力(kPa)		满足设计要求	检验总桩数的0.2%~0.5%,且不少于3处	JGJ 340 载荷试验

注:1. 表中以"△"标识的检查项目为关键检查项目,关键检查项目中桩体填料平均压实度、桩间土平均挤密系数、桩间土湿陷系数合格率不应小于95%,孔深、地基承载力合格率均为100%,其他检查项目为一般项目合格率不低于80%,否则该检查项目不合格。
2. 表中"桩位偏差(mm)≤0.25D"中的"D"代表设计桩径。
3. 表中"垂直度(mm)≤1%H"中的"H"代表设计桩长。

表 15 水泥土挤密桩实测项目

序号	检查项目		允许偏差或允许值	检查频率	试验方法
1△	桩体填料平均压实度(%)		满足设计要求且≥93	检验总桩数的2%,且每台班不少于1孔	JTG 3450 T 0923
2△	桩间土平均挤密系数(%)		满足设计要求且≥90	检验总桩数的0.3%,且不少于3孔	JTG 3450 T 0923
3△	成孔质量	孔深(m)	≥设计值	检测总桩数的2%,且每台班不少于1孔	测绳
4		桩径(mm)	≥设计值	检测总桩数的2%,且每台班不少于1孔	尺量
5		桩位偏差(mm)	≤0.25D	检验总桩数的2%,且每台班不少于1孔	全站仪或RTK测量仪
6		桩距(mm)	±100	检验总桩数的2%,且不少于5点	尺量

表 15 水泥土挤密桩实测项目(续)

序号	检查项目	允许偏差或允许值	检查频率	试验方法
7	垂直度(mm)	≤1%H	检验总桩数的2%,且每台班不少于1孔	全站仪或经纬仪测桩管
8△	桩间土湿陷系数	满足设计要求	试验段按总桩数的0.3%,且不少于3孔或必要时	JTG 3430 T 0139
9△	地基承载力(kPa)	满足设计要求	检验总桩数的0.2%~0.5%,且不少于3处	JGJ 340 载荷试验
10	水泥剂量(%)	满足设计要求	每1000m³或每台班、每台拌和设备每日不少于3次	JTG E51 T 0809

注:表中以"△"标识的检查项目为关键检查项目,关键检查项目中桩体填料平均压实度、桩间土平均挤密系数、桩间土湿陷系数合格率不应小于95%,孔深、地基承载力合格率均为100%,其他检查项目为一般项目合格率不低于80%,否则该检查项目不合格。

表 16 石灰土挤密桩实测项目

序号	检查项目		允许偏差或允许值	检查频率	试验方法
1△	桩体填料平均压实度(%)		满足设计要求且≥93	检验总桩数的2%,且每台班不少于1孔	JTG 3450 T 0923
2△	桩间土平均挤密系数(%)		满足设计要求且≥90	检验总桩数的0.3%,且不少于3孔	JTG 3450 T 0923
3△	成孔质量	孔深(m)	≥设计值	检测总桩数的2%,且每台班不少于1孔	测绳
4		桩径(mm)	≥设计值	检测总桩数的2%,且每台班不少于1孔	尺量
5		桩位偏差(mm)	≤0.25D	检验总桩数的2%,且每台班不少于1孔	全站仪或RTK测量仪
6		桩距(mm)	±100	检验总桩数的2%,且不少于5点	尺量
7		垂直度(mm)	≤1%H	检验总桩数的2%,且每台班不少于1孔	全站仪或经纬仪测桩管
8△	桩间土湿陷系数		满足设计要求	试验段按总桩数的0.3%,且不少于3孔或必要时	JTG 3430 T 0139
9△	地基承载力(kPa)		满足设计要求	检验总桩数的0.2%~0.5%,且不少于3处	JGJ 340 载荷试验
10	石灰剂量(%)		满足设计要求	每1000m³或每台班、每台拌和设备每日不少于3次	JTG E51 T 0809

注:表中以"△"标识的检查项目为关键检查项目,关键检查项目中桩体填料平均压实度、桩间土平均挤密系数、桩间土湿陷系数合格率不应小于95%,孔深、地基承载力合格率均为100%,其他检查项目为一般项目合格率不低于80%,否则该检查项目不合格。

表 17 水泥碎石挤密桩实测项目

序号	检查项目	允许偏差或允许值	检查频率	试验方法
1△	密实度	贯入量100mm时的击数大于5击	检验总桩数的2%	重型动力触探试验
2△	桩长（m）	≥设计值	检测总桩数的2%，且每台班不少于1孔	测绳
3	桩径（mm）	≥设计值	检测总桩数的2%	尺量
4	桩距（mm）	±150	检测总桩数的2%，且不少于5点	尺量
5△	地基承载力（kPa）	满足设计要求	检验总桩数的0.1%，且不少于3处	JGJ 340 载荷试验
6	粒料灌入率（%）	≥设计值	—	查施工记录

注：表中以"△"标识的检查项目为关键检查项目，关键检查项目合格率为100%，其他检查项目为一般项目合格率不低于80%，否则该检查项目不合格。

7.3.3 挤密桩处理公路湿陷性黄土地基的施工质量保证资料要求

a) 桩孔位置放线、竣工平面图。
b) 成孔及夯填施工记录(含质量自检)表及施工过程参数记录表。
c) 桩间土挤密效果试验、桩体压实度或施工自检记录汇总表及其结论。
d) 湿陷性黄土、桩孔填料性能及击实试验报告。
e) 设计变更通知书，事故处理记录等其他相关文件资料。
f) 其他成孔、夯填、拌和、检测等影像资料。
g) 其他换填垫层法、强夯法质量保证资料参考挤密桩法。

7.3.4 桩顶垫层

7.3.4.1 基本要求：桩顶垫层的压实度不小于93%，如果设计文件对压实度有要求时或根据公路等级及垫层所处路基结构层的位置确定，取两者中的较大值。当设计对稳定土强度有具体要求时，应检验垫层稳定土强度。

7.3.4.2 桩顶垫层实测项目应符合表18的规定。

表 18 桩顶垫层实测项目

序号	检查项目	允许偏差或允许值	检查频率	试验方法
1	厚度（mm）	≥设计值	每200m测2点，且不少于5点	JTG 3450 T 0912
2	宽度（mm）	≥设计值	每200m测2点，且不少于5点	尺量
3△	压实度（%）	≥设计值	每1000m²测2点，且不少于5点	JTG 3450 T 0921
4△	稳定土强度（MPa）	满足设计要求	每2000m²或每台班制备1组试件	JTG E51 T 0805

注：表中以"△"标识的检查项目为关键检查项目，关键检查项目中压实度合格率不应小于95%，稳定土强度合格率为100%，其他检查项目为一般项目合格率不低于80%，否则该检查项目不合格。

附 录 A
（资料性）
条 文 说 明

A.1 设计要求

A.1.1 湿陷性黄土地基湿陷等级按照 JTG/T D31—05—2017 表 3.3.10 判定。

湿陷性黄土地基的处理厚度由湿陷性黄土的湿陷量的控制要求来确定。一般路段可根据路基沉降控制要求，按照 JTG C20 的规定计算确定湿陷性黄土地基设计处理厚度。由于桥台、涵洞及挡墙等结构物对沉降控制严格，规范规定处理厚度为全部湿陷性黄土厚度或者受水影响的黄土地基厚度。

A.1.2 GB 50025—2018 规定自重湿陷性黄土场地应采用整片处理，平面处理范围应大于建筑物外墙基础底面。超出建筑物外墙基础外缘的宽度，不宜小于处理土层厚度的 1/2，并不应小于 2.0m。JTG/T D31—05—2017 规定路堤段应处理至坡脚排水沟外侧不小于 1m，且距离坡脚不小于 3m；路堑段为路基的断面宽度；小型构造物处的处理宽度应与相邻路基相同。JTG D30—2015 中 7.10.5-4 条规定：1）挡土墙路段非自重湿陷性黄土场地，应至基础底面外侧不小于 1m；对于自重湿陷性黄土场地，应至基础底面外侧不小于 2m。2）路堤段应至坡脚排水沟外侧不小于 1m，路堑段为路基的整个开挖面。

实践表明，路堑段的边坡范围通常不需要处理。因此本文件挤密桩处理范围确定为：路堤段应至坡脚排水沟外侧不小于 1m，且距离坡脚不小于 3m；路基边沟外缘（包括碎落台）之间的范围；挡土墙等小型构造物处的处理宽度应与相邻路基相同。

A.1.3 填方路基与桥梁、涵洞、通道等相邻处，常常有跳车现象，其主要原因在于路基压实度不够或者该段的地基沉降造成。在该段湿陷性黄土地基处理长度应不小 JTG D30—2015 中 3.3.7 公式计算值。二级及二级以上公路过渡段处理长度不得小于 25m。

A.1.4 水是湿陷性黄土地基湿陷的诱因。为保证湿陷性黄土地基处理效果，减少地基湿陷的可能性，地基处理时应结合消除湿陷性黄土的湿陷性和减少黄土浸水的概率。湿陷性黄土地基处理应兼顾沉降和防水隔水双重作用。地基应整片处理，可采取不同深度、不同宽度、不同材料的组合剖面，视设计意图调整，充分发挥地基处理的防(隔)水作用。应加大公路周围地面的排水坡度，要求排水通畅，场地不积水。公路坡脚以外 5~10m 范围地面排水坡度建议不小于 2%。农田灌溉可能造成黄土地基湿陷时，可对路堤两侧坡脚外 5~10m 做表层加固防渗处理或设侧向防渗墙。有侧向浸水源且不能回避时，应设置侧向防(隔)水带。涵洞、边沟、截水沟、地(管)沟(井)等设施，应严格防水、不向地基渗漏。

A.1.5 石灰剂量、水泥剂量分别为石灰质量、水泥质量占土料干燥质量的百分比。

A.1.6 GB 50025—2018 规定挤密法处理湿陷性黄土地基，挤密孔直径宜为 0.35~0.45m；当挤密处理深度较深，采用挤土成孔挤密法有困难或需要较大面积置换率时，可采用预钻孔挤密法，预钻孔直径宜为 0.30~0.60m，挤密后成桩直径宜为 0.40~0.80m。JTG/T D31—05—2017 规定挤密处理深度在 12m 以内时，不宜预钻孔，挤密孔直径宜为 0.35~0.45m；当挤密深度超过 12m 时，可预钻孔，预钻孔直径宜为 0.25~0.30m，挤密后成桩直径宜为 0.50~0.60m。干拌水泥碎石挤密桩的成桩直径不宜大于 0.3m。

一方面考虑常用施工机具条件；另一方面考虑若桩径过小时，桩的数量增多，施工烦琐费时；若桩径过大时，不仅处理地基均匀性较差，同时容易使桩周上层土因上涌而变松，或使桩边土因过分挤压产生超孔隙水压力而形成橡皮土。由此可见，过分增大桩径对桩间土的挤密效果与处理地基的综合效益并不理想。

研究试验表明，在桩径相同的情况下，挤密桩桩间距减小，桩间土的挤密效果变好，桩间距增大，桩间土挤密效果就变差。基于当前施工设备能力较以前有很大提升，并综合考虑宁夏同沿高速、东毛高速、固西高速、海同高速、黑海高速、西会高速等工程经验，本文件确定桩孔直径不小于0.4~0.6m，并可根据具体工程情况进行调整。

A.1.7 试验研究表明，挤密桩桩间距增大时，桩间土的挤密系数有明显下降趋势，在设计阶段如果采用2.5倍桩径的桩间距处理湿陷性黄土地段时，应严格调查，慎重考虑。

A.1.8 GB 50025—2018规定，桩间土经成孔挤密后3个孔之间土的平均挤密系数不宜小于0.93。JTG/T D31—05—2017规定桩间土挤密后的平均挤密系数不宜小于0.90。

考虑到JTG D30—2015中3.3.6条要求地基表面压实度，高速公路、一级公路不宜小于90%，其他公路等级不宜小于85%。本文件规定$\bar{\eta}_c$不宜小于90%，可以保证挤密桩处理后的黄土地基的效果满足公路路基规范的要求。

JTG D30—2015中的压实度按照重型击实试验标准，试验研究表明，各种不同类型的土体采用重型击实方法得到的最大干密度均比轻型击实方法的最大干密度要大，平均增大7%~12%；采用重型击实标准的压实度值比采用轻型标准的压实度值小2%~3%。鉴于当前公路行业都采用重型击实标准，本文件也采用了重型击实标准，同时本文件的最小值与JTG/T D31—05—2017的要求的最小值也基本一致，同时与JTG D30—2015要求路基表面压实度保持一致。

本文件规定满足孔内填料压实度不小于桩间土的挤密系数，同时参考JTG D30—2015的下路堤的压实度要求孔内填料，该规定适当提高了地基的压实度标准。

A.1.9 GB 50025—2018规定，当挤密桩用作防(隔)水或消除湿陷性预处理时，宜用素土；当提高承载力或减小基础宽度和地基沉降量时，宜用稳定土或其他强度高的材料。

高速公路、一级公路以及与桥台、涵洞等相邻的路基、高挡土墙等重要路段对不均匀沉降有严格的限制要求，地基一旦发生湿陷，会造成重大经济损失和严重不良社会影响，在社会、经济等方面会造成不良影响或重大损失，应避免出现任何破坏型变形，或由于地基变形而影响其正常使用。因此本文件规定高速公路、一级公路的湿陷性黄土地基处理宜采用水泥土、石灰土挤密桩或干拌水泥碎石桩。其他等级公路，对于桥台、涵洞等相邻路基、高挡土墙路段宜选用水泥土、石灰土挤密桩。

A.1.10 由于垫层有防水功能，因此要求垫层顶面高度高于原地面高程0.2m。

A.2 施工

A.2.1 挤密桩桩体垂直度受打桩机导杆、桩管垂直度影响较大，桩管垂直度应不大于5/1000，施工前应检校桩管垂直度，施工过程中应定期校核桩管垂直度。

A.2.2 水泥土拌和用土的含水率应严格控制。土的含水率与水泥土最佳含水率差距过大，拌和时大量补水易形成泥块，水泥极易在泥块上吸附，混合料无法拌和均匀。施工宜采用提前闷料的方式，使土的含水率达到或接近水泥土最佳含水率，拌和时适当补水即可。

A.2.3 初压宜采用不超过26t的振动压路机微振碾压，复压宜采用大吨位胶轮压路机反复揉搓碾压，在碾压过程中宜适当补水，保持表面水分充足。

A.2.4 两遍夯击之间间歇时间的长短与土的粒径、含水率、夯点间距、拟处理土层的厚度等因素有关。单从土性上来讲，低液限黏土一般考虑7~14d，低液限粉土一般考虑3~7d，砂土一般考虑1~3d。由于稍湿(饱和度≤50%)的湿陷性黄土没有或很少有自由水，在夯击过程中不存在孔隙水压力消散的问题，因此试夯两遍之间可以不间歇施工。

A.2.5 试验研究表明，桩间土平均挤密系数与桩间距密切相关，桩间距过大或过小均不能使地基达到最佳挤密效果。施工应按试验段验证的设计与施工参数进行，确保桩体填料压实质量和桩间土挤密效果。

A.2.6 铺设桩顶垫层前，桩顶以上土层应按设计要求处理。如设计未作要求，应将桩顶高程以上超出部分的桩尖挖出，将桩周围松动土层挖出或夯(压)密实。

A.2.7 JTG/T D31—05—2017中4.5.10条规定：

钻孔机械可采用螺旋钻、机动洛阳铲、铲斗等，钻杆上应有明显的深度标识。

钻进过程中，当出现钻杆跳动、机架明显晃动或无法进尺等异常情况时，应停机检查是否遇到石块、砖砌体等地下障碍物。在排除障碍物之后再继续施工。

钻进到达设计深度后，应保持在该深度处空转清土，然后停止回转，提升钻杆至孔外卸土。采用钻斗钻机时，钻进到达设计深度后即可停钻，直接提升钻杆至孔外卸土。

GB 50025—2018 中 7.2.12 条第 3 款规定：

对预钻孔夯扩工艺，应根据试验结果确定施工采用的机械、锤型、锤重、落距、夯击次数和填料量等施工参数，并应分段检测桩径。

GB 50025—2018 中 7.2.17 条规定：

成孔质量检查，包括成孔直径、深度、垂直度、孔底塌落土厚度及缩孔情况等，应及时抽样检查，数量不得少于总孔数的 2%，且每台班不应少于 1 孔。

孔内填料的夯实质量，应随机及时抽样检查，数量不得少于总孔数的 2%，且每台班不应少于 1 孔。

对预钻孔夯扩桩，除本条第 1 款、第 2 款检查内容外，尚应抽样检查单桩填料量，数量不得少于总孔数的 4%，且每台班不应少于 3 孔。

A.2.8 锤体落距宜控制在 0.5～2m，落距过大易引起卡锤事故。

造成桩孔偏斜的原因主要是地层结构不均匀、地下障碍物和桩管垂直度不足。若地下块石、砌体等障碍物所致，深度小于 2m 时，可清除后再行施工；若深度较大或地层结构不均匀所致，可用碎石或砖渣回填到偏斜起点位置以上，并调整冲锤的落点中心，再重新冲击成孔；若桩管垂直度不足所致，应更换或校正桩管。

因挤密桩桩长、桩径、垂直度的质量检验主要是在成孔后进行，故按不少于规定数量及时、真实地检测这三项指标对挤密桩过程质量控制尤为重要，也是质量溯源的基础资料。拔管阶段是桩孔塌孔、缩径等问题高发期，故拔管应缓慢匀速进行。

当锤重一定时，成孔孔深与冲击次数、落距密切相关，记录并分析这些原始施工参数，有助于优化设备使用效率，提高成孔率。

A.2.9 素土填料应提前 8h 进行闷料，以确保夯填时其含水率能接近最佳含水率；石灰土、水泥土应采用机械拌和，随拌随用。

在一定锤重条件下，桩体分层压实度与夯击次数、填料数量密切相关，应严格按试验段确定的成桩工艺选配设备、培训人员，并加强控制。记录这些施工过程参数，可为桩体压实质量溯源提供基础资料。

A.3 质量检验评定

A.3.1 击实试验采用重型击实试验。

"0 小时标准击实试验所得的最大干密度"所指被检测土样达到规范规定闷料时间后，掺加预定水泥剂量立即进行击实所得到的最大干密度。

A.3.2 如机械设备、施工工艺都满足要求的情况下，压实度仍无法满足设计要求时，经监理及建设单位批复后，方可采用延时时间对应的标准击实最大干密度控制压实度，但标准密度所对应的延时时间不应超过水泥的初凝时间，且不大于 4h。

A.3.3 桩间土挤密效果的不均匀与变异性是客观存在的，局部桩土间特别在三桩中心点土样挤密效果不佳难以完全避免。只要桩体的平均压实度和桩间土的平均挤密系数达到规范要求，桩体质量施工合格，处理地基的湿陷性即可以消除。桩间土湿陷系数试验一般在挤密桩试验段施工阶段进行。

A.3.4 挤密桩主要作用是用于消除地基湿陷性，当设计无要求时，地基承载力仅在试验段进行检验。

参 考 文 献

[1] 中华人民共和国住房和城乡建设部.GB 50202—2018 建筑地基基础工程施工质量验收标准[S].北京:中国计划出版社,2018.

[2] 中华人民共和国交通运输部.JTG 3430—2020 公路土工试验规程[S].北京:人民交通出版社股份有限公司,2020.

[3] 中华人民共和国交通运输部.JTG 3450—2019 公路路基路面现场测试规程[S].北京:人民交通出版社股份有限公司,2019.

[4] 中华人民共和国交通运输部.JTG/T 3610—2019 公路路基施工技术规范[S].北京:人民交通出版社股份有限公司,2019.

[5] 中华人民共和国交通运输部.JTG C20—2011 公路工程地质勘察规范[S].北京:人民交通出版社,2011.

[6] 中华人民共和国交通运输部.JTG E51—2009 公路工程无机结合料稳定材料试验规程[S].北京:人民交通出版社,2009.

[7] 中华人民共和国交通运输部.JTG/T F20—2015 公路路面基层施工技术细则[S].北京:人民交通出版社股份有限公司,2015.